mamma

Mama

papà

Papa

bambino

Junge

bambina

Mädchen

1

uno

eins

2

due

zwei

3

tre

drei

4

quattro

vier

5

cinque

fünf

6

sei

sechs

7

sette

sieben

8

otto

acht

9

nove

neun

10

dieci

zehn

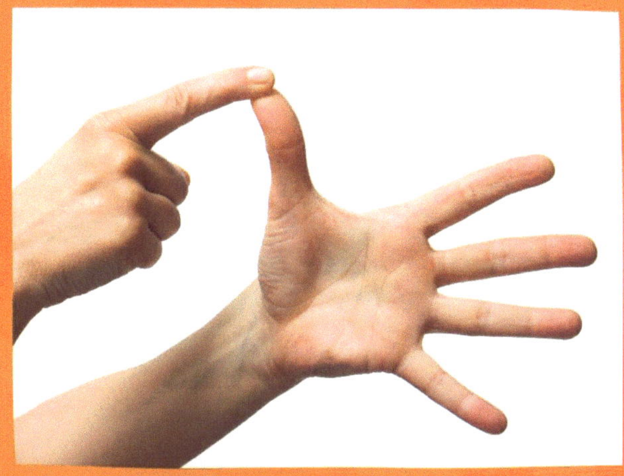

contare

zählen

scrivere

schreiben

disegnare

zeichnen

dipingere

malen

cerchio

Kreis

quadrato

Quadrat

rettangolo

Rechteck

triangolo

Dreieck

stella

Stern

nero

schwarz

bianco

weiß

marrone

braun

rosso

rot

blu

blau

giallo

gelb

verde

grün

viola

lila

grigio

grau

arancione

orange

rosa

rosa

mela

Apfel

banana

Banane

ananas

Ananas

cocomero

Wassermelone

pera

Birne

uva

Weintrauben

mango

Mango

pesca

Pfirsich

fragola

Erdbeere

ciliegia

Kirsche

arancia

Orange

cocco

Kokosnuss

limone

Zitrone

fungo

Pilz

mais

Mais

pomodoro

Tomate

zucca

Kürbis

cetriolo

Gurke

carota

Karotte

patata

Kartoffel

zucchina

Zucchini

spinacio

Spinat

cavolfiore

Blumenkohl

uovo

Ei

piatto

Teller

cucchiaio

Löffel

coltello

Messer

forchetta

Gabel

torta

Kuchen

biberon

Babyflasche

caramelle

Süßigkeiten

formaggio

Käse

bere

trinken

mangiare

essen

caldo

heiß

freddo

kalt

piccolo

klein

grande

groß

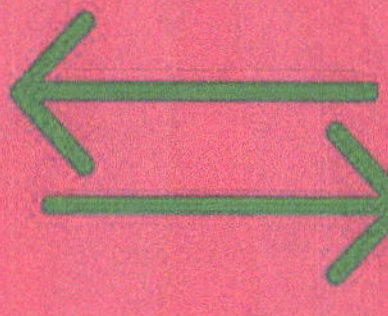

corto

kurz

lungo

lang

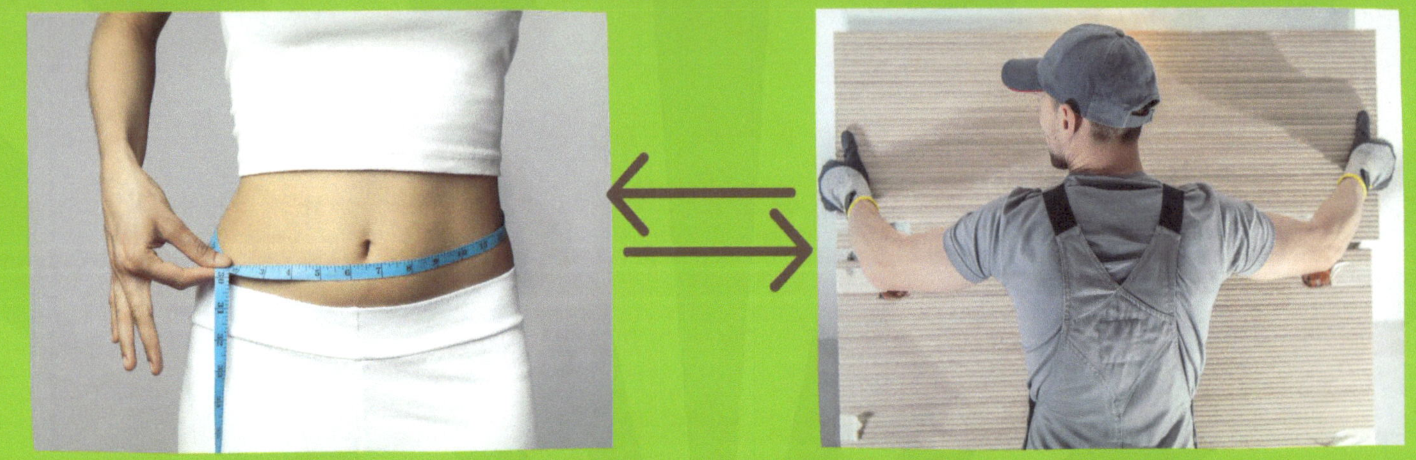

sottile
dünn

largo
groß

facile
leicht

difficile
schwierig

 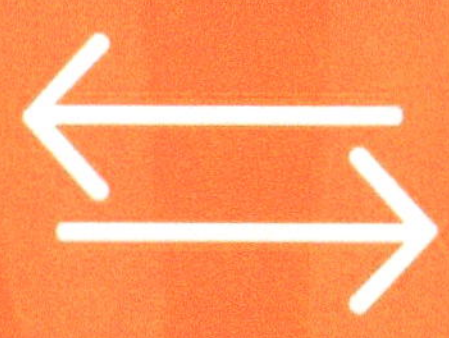 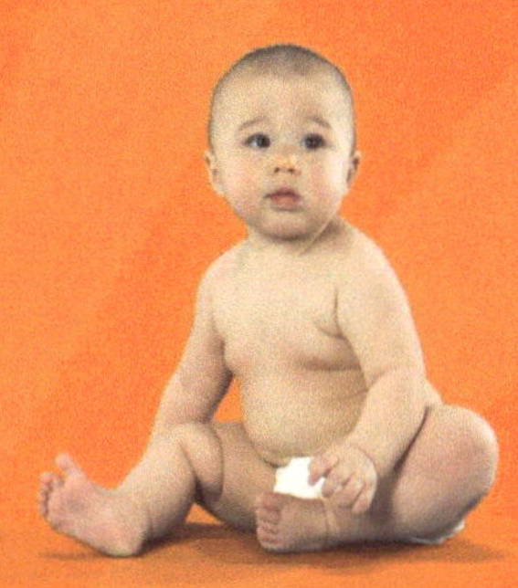

alzarsi

aufstehen

sedersi

hinsetzen

dolce

süß

salato

salzig

pesante

schwer

leggero

leicht

dentro

in

fuori

aus

sporco

dreckig

pulito

sauber

chiudere

schließen

aprire

öffnen

matite

Bleistifte

orologio

Uhr

chiave

Schlüssel

libro

Buch

letto

Bett

culla

Krippe

tavolo

Tisch

sedia

Stuhl

automobile

Auto

bicicletta

Fahrrad

aereo

Flugzeug

barca

Boot

treno

Zug

elicottero

Hubschrauber

camion dei pompieri

Feuerwehrauto

pompiere

Feuerwehrmann

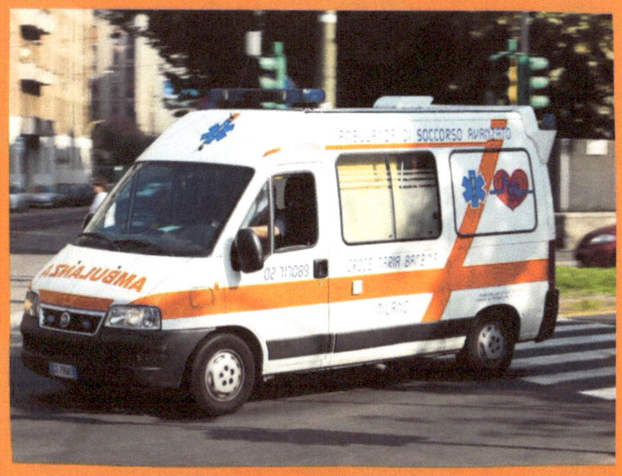

ambulanza

Krankenwagen

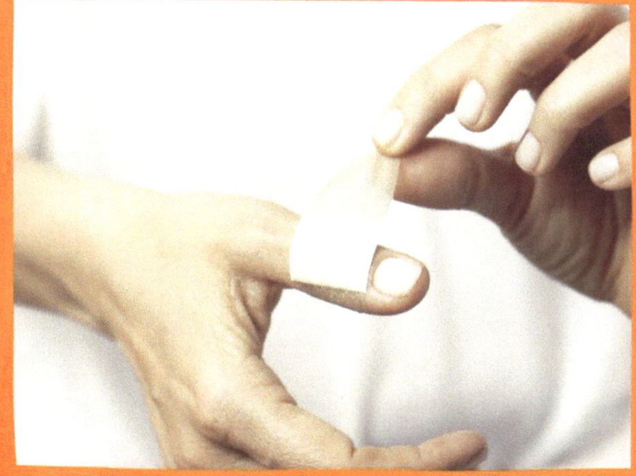

benda

Verband

paramedico

Rettungssanitäter

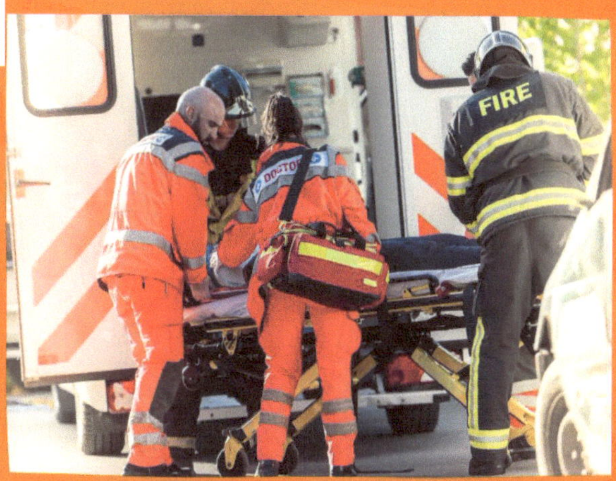

squadra di soccorso

Rettungsteam

foresta

Wald

montagna

Berg

erba

Gras

sabbia

Sand

albero

Baum

fiore

Blume

farfalla

Schmetterling

formica

Ameise

gatto

Katze

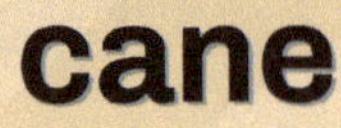

cane

Hund

cavallo

Pferd

topo

Maus

mucca

Kuh

maiale

Schwein

pecora

Schaf

anatra

Ente

oca

Gans

coniglio

Hase

pesce

Fisch

veterinario

Tierärztin

dottore

Doktor

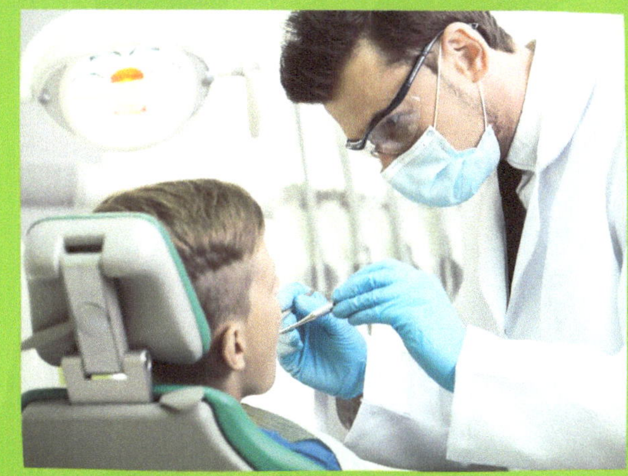

dentista

Zahnarzt

farmacista

Apotheker

infermiere

Krankenschwester

testa

Kopf

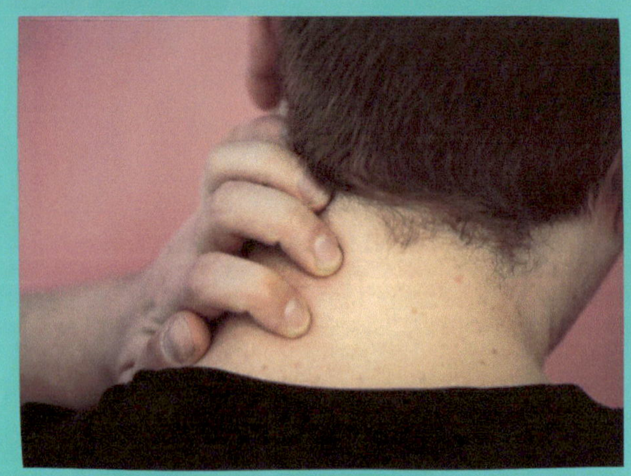

collo

Hals

piede

Fuß

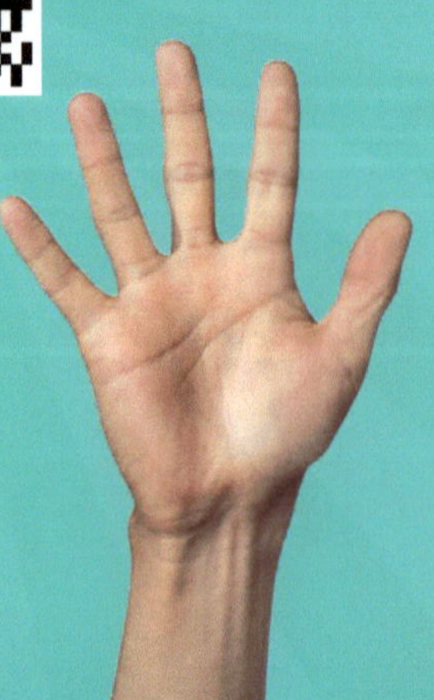

mano

Hand

denti

Zähne

occhio

Auge

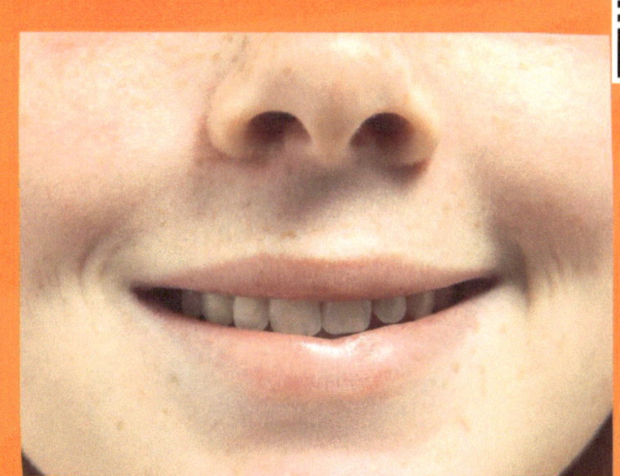

bocca

Mund

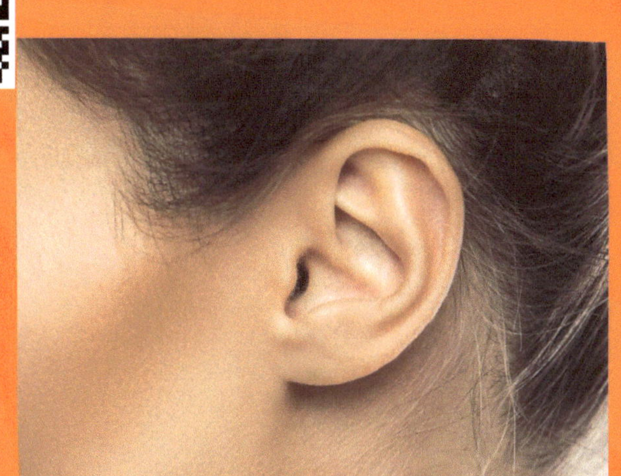

orecchio

Ohr

cappello

Hut

vestito

Kleid

pantaloni

Hose

scarpe

Schuhe

cappotto

Mantel

sciarpa

Schal

ombrello

Regenschirm

occhiali

Brille

sole

Sonne

nuvoloso

wolkig

piovoso

regnerisch

luna

Mond